RECHERCHES

FAITES EN ALLEMAGNE

SUR L'HORLOGER

Charles-Guillaume Nauendorff

PRÉTENDU FILS DE LOUIS XVI ET DE MARIE-ANTOINETTE

PAR

André PILLET

PROFESSEUR

I

L'Acquisition du droit de bourgeoisie à Spandau.

PARIS

LIBRAIRIE ALPHONSE PICARD ET FILS

82, RUE BONAPARTE, 82

—

1912

RECHERCHES FAITES EN ALLEMAGNE

SUR L'HORLOGER

Charles-Guillaume Nauendorff

PRÉTENDU FILS DE LOUIS XVI
ET DE MARIE-ANTOINETTE

MACON, PROTAT FRÈRES, IMPRIMEURS

RECHERCHES

FAITES EN ALLEMAGNE

SUR L'HORLOGER

Charles-Guillaume Nauendorff

PRÉTENDU FILS DE LOUIS XVI ET DE MARIE-ANTOINETTE

PAR

André PILLET

PROFESSEUR

I

L'Acquisition du droit de bourgeoisie à Spandau.

PARIS

LIBRAIRIE ALPHONSE PICARD ET FILS

82, RUE BONAPARTE, 82

1912

Préface à nos Publications

PRÉFACE A NOS PUBLICATIONS

Il y a des années que nous avons entrepris d'écrire l'œuvre que nous livrons maintenant à l'impression, non en bloc cependant, mais par fragmens. Son utilité ne tardera pas pour cela d'être reconnue, et alors on ne manquera point, croyons-nous, de l'accueillir avec faveur. D'aucuns diront même, à mesure qu'ils la liront, qu'une telle production était nécessaire, parce qu'elle apporte la pleine lumière dans une question obscure et mystérieuse qui, malgré les nobles et louables efforts faits particulièrement en ce temps-ci pour trouver le secret qu'elle contient, n'a pas encore reçu de réponse satisfaisante, est insuffisamment expliquée, attend toujours une solution complète et définitive. La question dont il s'agit a trait à Charles-Guillaume Nauendorff, l'horloger de Berlin, de Spandau, de Brandenburg-sur-Havel et de Crossen. Parvenu presque à la vieillesse, il rejeta dans la dernière de ces villes, où il habitait, le nom qu'il portait, sous lequel il était connu, et se dit « Louis-Charles, autrefois dauphin de France et duc de Normandie, ou Louis dix-sept ». —

Les mots entre guillemets que nous citons sont apposés de sa main en guise de signature au bas de sa seconde autobiographie, afin de témoigner que la vie qu'elle raconte se rapporte bien à lui et exprime l'exacte vérité. — Cet avatar idéal est extraordinaire à cause de l'orgueilleuse prétention de Nauendorff d'être issu d'un roi et d'une reine ; pourtant, si son incarnation imaginaire avait été placée ailleurs, dans une sphère moins haute, en quelque modeste maison, quelque humble famille, elle aurait peut-être passé inaperçue, — surtout qu'à cette époque la police n'exerçait pas une surveillance trop rigoureuse — comme la métamorphose réelle, tenue soigneusement cachée, qu'il opéra en sa personne à Wittenberg, mais révéla lui-même par la suite, quand il n'eut plus rien à craindre. Revenant du dehors, en 1810, avec l'intention arrêtée de gagner la capitale de la Prusse, quoique déserteur, il changea, avant de franchir la frontière du pays, de figure et de vêtemens, prit un faux nom, entra dans la peau d'un autre et, grâce à sa transformation, accomplit à souhait son dessein.

Pour montrer qu'il était Louis-Charles, fils de Louis XVI et de Marie-Antoinette, Nauendorff écrivit son histoire, c'est-à-dire donna sur ses antécédens les indications qu'il voulut à quelqu'un qui à sa place tint la plume. Mais ce n'était pas son premier récit, et il en existait un autre de lui concernant son passé. A Brandenburg-sur-Havel, en prison, accusé de falsification d'écus d'argent et détenu par ce motif, il avait dicté — dans l'année 1825 — ses Mémoires à M. de Rönne, alors auditeur au Tribunal du lieu, qui, en les mettant sur le papier, dut, — car la chose s'imposait, — débrouiller et éclaircir le chaos des paroles et corriger le tour de phrase et l'impropriété des termes. Toutefois les deux narrés, loin d'avoir ensemble une parfaite ressemblance, diffèrent totalement à l'égard de certains points importans et essentiels. Cette entière divergence ne semble pas avoir déjà préoccupé considérablement Nauendorff ni son mandataire, — quoique pauvre et misérable, il en avait un — le syndic de Crossen et commissaire de justice Pezold, vu que ce dernier, d'accord avec son commettant, s'étant rendu à Berlin, déposa au cabinet de Frédéric-Guillaume III le manuscrit de la nouvelle biographie, rédigé et copié par son frère, auquel il joignit une lettre dont la date: Berlin, le 4 mars 1831, et la signature étaient seules écrites de sa main. Dans son épître il priait avec la plus grande humilité et soumission le Roi de permettre qu'il lui expliquât de vive voix qui était son client, afin qu'après, édifiée et satisfaite, Sa Majesté l'autorisât, si rien ne s'y opposait, à rendre publique la Vie de l'ex-Dauphin, comme celui-ci le désirait; mais au cas qu'Elle refusât de le recevoir, de daigner gracieusement lui désigner l'autorité à laquelle il devait s'adresser. Frédéric-Guillaume III, naturellement, ne répondit pas.

La requête du commissaire de justice, surprenante, étrange, manqua son but et eut ainsi un sort bien mérité. Cela n'empêche point que par la date qu'elle porte elle ne soit intéressante et même n'ait de la valeur et du prix ; car elle marque le temps où l'horloger a fait connaître ailleurs qu'à Crossen qu'il était Louis XVII. — Selon un rapport du 13 mai 1831, envoyé par le président de la Régence de Francfort-sur-l'Oder au ministre de l'Intérieur et de la Police, à Berlin, le bruit de son origine royale, que Louis XVI lui avait légitimement donné naissance, se répandit dans la petite ville après la Révolution de Juillet en France, mais nous ne savons pas à quel moment précis il commença d'y circuler [1]. — La date formelle et sûre de l'assertion incroyable de Nauendorff ne se trouve nulle part, c'est vrai ; cependant, il faut constater aussi qu'aucun document authentique n'en fournit une, positive et certaine non plus, antérieure à celle de la requête du syndic. Les missives de l'horloger à la duchesse d'Angoulême avant cette époque, dans lesquelles il l'appelle sa sœur et qui remontent à l'année 1816, — seulement ! — suivant les propres paroles de leur auteur [2], quoique l'ouvrage où nous les lisons en reproduise une du 3 août 1815 [3], et sa lettre écrite le 27 mars 1820 au prince de Hardenberg pour obtenir « la restitution de ses papiers [4] », qui lui auraient découvert son nom et sa qualité, sont apocryphes. Elles ont été fabriquées après coup à l'appui de la cause. En tout cas, elles ne soutiennent pas l'examen. La neige résiste mieux au soleil.

S'étonnera-t-on que Frédéric-Guillaume III n'ait pas donné ordre de répondre au placet de Pezold, si l'on sait qu'il regarda le manuscrit de la vie du pseudo-duc de Normandie comme un tissu de fables et la signature du conteur à la

1. Archives secrètes de l'État. R. 77. VI. Ministère de l'Intérieur et de la Police. Acta concernant l'horloger Louis-Charles Naundorf à Crossen, f° 2.

2. Intrigues dévoilées, ou Louis XVII, dernier Roi légitime de France, décédé à Delft, le 10 août 1845, par Mr Gruau de la Barre. Rotterdam, H. Nijgh, 1846-1848. T. III, 1re part., p. 91.

3. Id., t. I, p. 419-421.

4. Id., t. II, p. 174-175.

fin des pages comme des noms et des titres d'emprunt sots et ridicules ? Le Prince héréditaire et les ministres de la Couronne ont partagé là-dessus son sentiment. On n'a jamais cessé de penser en haut lieu que les affirmations de Nauendorff touchant l'identité étaient absurdes, insensées et autant d'impostures. Nonobstant ce fait dont chacun peut facilement voir et manier les preuves aux Archives secrètes de l'État, à Berlin, la Légitimité, revue mensuelle et organe de la Survivance, proclame avec une obstination tenace, une constance infatigable, dans tous ses numéros, « que le Gouvernement de Prusse a cru que « Naundorff » était vraiment Louis XVII ». La Légitimité commet là une erreur grossière et ne l'ignore pas. Elle propage donc volontairement le mensonge.

Cette revue a publié l'année dernière, — sous les n°s 8 et 9 joints en un fascicule, — la déposition de M. Foulon de Vaulx, dont le nom dans les lettres est Henri Provins, devant la Commission « chargée », selon les expressions de son rapporteur, M. Boissy d'Anglas, « d'examiner la pétition de Charles-Louis de Bourbon et de ses frères qui demandent au Sénat son appui pour obtenir leur réintégration dans la qualité de Français [1] ». — A propos de M. Boissy d'Anglas, disons ici que c'est sans fondement et à tort qu'il a prétendu que nous avons « documenté » G. M. (M. George de Manteyer) du Journal des Débats sur le premier Nauendorff, celui qui se serait défait à Berlin de son passeport en faveur du second [2]. L'allégation est fausse ; nous n'avons

1. La Légitimité (La question Louis XVII au Sénat), février 1911, p. 18.
2. Id. (La question Naundorff), avril 1911, p. 58.

jamais fourni de document à personne. — Comme les membres de la Commission d'enquête voyaient trouble dans la question qu'ils devaient éclaircir, que leur président la déclarait « fort obscure[1] », des experts, des connaisseurs crus tels furent conviés à la mettre dans un beau jour. Ainsi on invita M. Foulon de Vaulx à répandre sur elle la clarté. Puisqu'on le priait de parler de l'affaire qu'il passait pour connaître, dont il était maître, se figurait-on, d'en démêler l'apparente confusion, de l'expliquer, il ne refusa pas de rendre l'office demandé, attendu, et faisant alors étalage d'une érudition particulière et curieuse, il prononça un long discours coupé fréquemment par les interrogations, les désirs de renseignemens et les remarques de ses auditeurs, mais d'où malheureusement — la lumière ne jaillit point. Les ténèbres restèrent épaisses. Il raconta l'évasion de Louis XVII de la tour du Temple, — sujet que nous n'abordons pas dans notre ouvrage, parce qu'il est en dehors du plan que nous nous sommes tracé en le préparant, — dit que le jeune prisonnier fut escamoté au détriment d'un enfant étranger qu'un autre, dont l'empoisonnement devint ensuite nécessaire, remplaça à son tour, que le premier des enfans substitués au fils de Louis XVI s'appelait, selon son opinion, Claude Tardif, qu'il parvint, la monarchie rétablie, aux dignités, aux honneurs, fut maréchal de camp, chevalier de Saint-Louis et baron sans services connus, — que la cause de ces distinctions, de sa fortune se devine, par conséquent, et n'a pas besoin de commentaire, — et que le second avait nom Gonnhaut, suivant M. Otto Friedrichs ; d'ailleurs, que

1. La Légitimité (Déposition de Foulon de Vaulx), août-septembre 1911, p. 114.

tout cela est incontestable. — Nous aurons occasion de montrer dans une de nos publications ce que valent les faits pour M. Otto Friedrichs, soi-disant historien, quelle importance il y attache et comme il les dénature avec art en écartant ou taisant les preuves embarrassantes qu'il a sous les yeux. — M. Foulon de Vaulx rapporta qu'après son enlèvement secret de la prison du Temple le jeune Roi avait vécu quelque temps en Suisse, dans les familles Leschot et Himely, que c'est sûr, semble-t-il, mais que jusqu'à son arrivée à Berlin on ne sait pas autre chose sur lui et que les informations que donne de ses années de jeunesse le cahier remis par Pezold au cabinet de Frédéric-Guillaume III sont « des plus saugrenues ». — Cette épithète au superlatif est juste, caractéristique, admirable ; rien ne qualifie mieux l'autobiographie de l'horloger et les aventures chimériques et grotesques qui la composent. — Louis XVII apparut à Berlin, narra M. Foulon de Vaulx, « affublé de ce singulier nom de Naundorff », et immédiatement devint « le jouet » de Hardenberg, chancelier du royaume, qui, lisant l'avenir, « se prépara à l'utiliser » à l'élévation de son pays et à la sienne propre. D'abord Nauendorff « rétablit son identité ». — Elle avait donc été ruinée, détruite ? peut-être seulement égarée et perdue ? — Après, grâce à son action, « il acquit les droits de résidence dans une petite ville », Spandau, où il fut « à portée de la main du premier ministre, dans laquelle la Destinée avait mis un atout d'un ordre peu commun ». Mais il ne pouvait habiter ce lieu qu' « à condition » d'y être « anonyme, ignoré ». Vinrent pour la France les désastres de 1813-1814. Vaincue, elle dut rendre les conquêtes de la République et de l'Empire en vertu d'une « infâme convention que Hardenberg discuta officiellement avec Talleyrand et officieusement avec le comte d'Artois ». Le triste arrangement avait en apparence pour objet « une simple suspension d'hostilité », mais en réalité « il était destiné à hâter l'usurpation ». — Ce gros mot est appliqué comme flétrissure à l'avènement légitime de Louis XVIII au trône. — La paix suivit, et à l'assemblée des nations qui la conclurent la Prusse fut « de toutes la mieux traitée ». — Nullement, ce n'a pas été le cas. — Elle y obtint « des agrandissemens extraordinaires » et se fit par là « une situation formidable ». — La vérité est qu'elle ne recouvra pas son ancienne étendue, celle de 1806. On sait que Napoléon lui avait enlevé la moitié de son territoire. — Ses accroissemens, son nouvel état de force et de puissance serait encore incompréhensible, si M. Foulon de Vaulx n'en eût heureusement pénétré le mystère. Il le dévoila à la Commission sénatoriale, et voici la clef qu'il lui donna. Le comte de Provence joignait à beaucoup d'astuce le désir violent de régner. Mais pour porter le sceptre, il devait « tenir dans l'ombre son neveu », alors à Spandau, où il était « caché ». Que Hardenberg, l'arrachant à sa retraite forcée, le mît sur la scène, le comte de Provence ne pouvait plus songer à ceindre et conserver la couronne. On juge si la crainte rongeait ce dernier ! Talleyrand reçut mission de lui de ne point contrarier le chancelier de Frédéric-Guillaume III, de condescendre à sa volonté, d'accepter ses conditions dans les doubles négociations de l'armistice et de la paix et de consommer de la sorte l'abaissement de la France au profit du relèvement et de la grandeur de la Prusse. S'étant ainsi assuré de Hardenberg, Louis XVIII n'eut plus peur de Nauendorff. — Peut-être va-t-on penser que nous plaisantons et que c'est là une charge. Point du tout, nous avons résumé nettement un galimatias qu'il faut relire pour en saisir le sens. Cette manière de comprendre et d'expliquer l'histoire défie la critique; elle est bizarre, extravagante et manque de raison; l'imagination, en revanche, n'y fait pas défaut. — M. Foulon de Vaulx continua son discours par des observations courtes et fausses présentées sur des faits faux touchant l'horloger au pays prussien, faits que celui-ci a relatés lui-même, les inventant ou les fardant à sa fantaisie, effrontément, et que les tenans de la Survivance ressassent toujours et ne vérifient jamais. Ce qu'il raconta enfin à l'endroit du séjour de Nauendorff en France, en Angleterre et en Hollande n'est pas de notre domaine, et partant nous n'en dirons rien. Dans le présent ouvrage nous traitons du pseudo-duc de Normandie en Allemagne seulement ; sa présence ailleurs, chez d'autres peuples, est un thème étranger à notre sujet.

Ici nous devrions prendre congé de M. Foulon de Vaulx. Mais certain point de son exposé nous arrête et, quoique rebattu et usé, veut être relevé. Il a dit ce qui suit : « Naundorff n'a cessé d'affirmer, de proclamer qu'en arrivant à Berlin, il possédait des papiers d'identité à lui remis par ceux qui avaient veillé sur lui dans les années qui suivirent l'évasion de la prison du Temple, et que ces papiers lui avaient été enlevés par M. Lecoq, alors chef du bureau des passeports, depuis chef de la police, pour être remis au baron de Hardenberg, à cette époque Ministre de l'Intérieur [1]. » Il prononça encore ces mots : « La conscience intime qu'avait Naundorff d'être le fils de Louis XVI et qui, à chaque heure, vibrait, en dehors même de sa volonté; la mémoire intégrale qui ne le trompe jamais [2]... » Et il a ajouté de plus ceci : « Les goûts, les penchants, les passions que les témoins de la première enfance du Dauphin ont révélés quarante ans auparavant par leurs paroles, si souvent répétées, ou par leurs écrits, s'échappent, débordent de Naundorff en quelque sorte inconsciemment, comme débordent de lui sa conscience et sa mémoire [3]. » On verra que M. le Coq — qui n'était aucunement « chef du bureau des passeports » — ne dépouilla pas l'horloger de ses papiers à son entrée à Berlin, quand il foula du pied le pavé de la capitale, ne les eut pas en sa possession et n'a donc pu les livrer à personne. — Hardenberg ne remplissait point « à cette époque » les fonctions de « Ministre de l'Intérieur ». Précisons. Né au Hanovre baron et devenu là comte à vingt-huit ans, il était rentré, en qualité de chancelier de l'État, le 4 juin 1810, au service de la Prusse avec l'assentiment de Napoléon par la volonté de qui il avait dû le quitter. En revenant au Gouvernement, il demanda le même jour à Frédéric-Guillaume III, dans une conférence, le changement du Cabinet. Le Roi agréa en général ses propositions à l'égard du choix des ministres. Guillaume de Humboldt avait été désigné pour le poste de l'Intérieur. Mais comme il avait la réputation d'être irréligieux et que les Cultes fai-

1. P. 142.
2. P. 145.
3. P. 146.

saient partie de ce département, le Roi par scrupule ne l'accepta pas. On l'envoya à Vienne remplacer Finkenstein et Dohna garda le portefeuille de l'Intérieur [1]. — Quant à la conscience de son moi, de ce qu'il était, Nauendorff ne semble avoir vécu que pour l'étouffer; à sa mémoire, que pour empêcher les manifestations de cette faculté, y faire le vide, la détruire. Et durant tout le temps passé en Prusse, où et en quelle occasion laisse-t-il « s'échapper, déborder de lui les goûts, les penchants, les passions du Dauphin enfant »? C'est en vain qu'on cherche; le lieu et la circonstance ne se trouvent pas. Outre cela, si Nauendorff avait eu réellement le sentiment intérieur « d'être le fils de Louis XVI », ce sentiment « qui, à chaque heure, vibrait, en dehors même de sa volonté », il l'aurait découvert d'une manière quelconque à Berlin, à Spandau, à Brandenburg-sur-Havel, bien plus, crié, hurlé au monde longtemps avant 1831, n'attendant pas pour faire retentir sa voix d'avoir cinquante-cinq ans, d'être presque au seuil de la vieillesse.

Disons maintenant comment nous fûmes amené à écrire notre ouvrage.

M. de Rönne, dont le nom a été déjà mentionné, passa l'été de 1885 en villégiature avec sa femme au pied du Riesengebirge (Monts des Géans), en Silésie. Il était octogénaire. Mais l'âge semblait l'avoir épargné, tant son corps possédait encore de verdeur et sa pensée de vivacité et de souplesse. Nous le connaissions depuis plusieurs années. Nos

1. Denkwürdigkeiten des Staatskanzlers Fürsten von Hardenberg. Herausgegeben von Leopold von Ranke. Leipzig, Duncker u. Humblot, 1877. Tome IV, p. 233.

2

rapports avec lui, dus aux liens étroits qui unissaient dans une intimité en quelque sorte fraternelle son gendre et un de nos parens, s'étaient vite changés en une véritable amitié, grâce à la charmante et exquise bonté de son âme. Il chérissait notre famille, en compagnie de laquelle nous nous établîmes à son instigation pendant le mois de juillet de l'année indiquée dans son voisinage. Étant à proximité l'un de l'autre, nous nous trouvions fréquemment ensemble. Il venait de recevoir un livre composé en faveur de Nauendorff et intitulé : « Un Crime politique, » que son auteur, M. Otto Friedrichs, lui avait envoyé en même temps qu'une lettre courtoise, mais un peu gauche, où il le priait de vouloir le renseigner sur le séjour du personnage à Brandenburg-sur-Havel. L'inconnu qui lui écrivait en se servant de son volume comme d'introduction auprès de lui ne pouvait mieux s'adresser. M. de Rönne était le dernier survivant de ce groupe de stagiaires qui, au Tribunal territorial et urbain de l'endroit cité, tinrent le plumitif dans l'instruction du procès fait à l'horloger pour fabrication de faux écus. De plus, il avait rédigé la première autobiographie de l'incriminé. Sa réponse à M. Otto Friedrichs, cordiale, empressée, obligeante, occasionna entre eux une correspondance qui se prolongea au delà de deux ans. Il nous avait parlé à diverses fois de Nauendorff dans nos entretiens et nous donna à lire « Un Crime politique ». Le ton dogmatique et déclamatoire de ce livre — nous ne savions pas que c'était un plagiat — nous déplut souverainement. L'auteur ne dit rien de son héros à Berlin ni à Brandenburg-sur-Havel, trace quelques lignes à propos du séjour de Spandau et consacre seulement une dizaine de pages à celui de Crossen, sans essayer de justifier par la moindre ombre de preuve certains faits graves qu'il répète. La négligence, l'incurie avec laquelle il laisse de côté deux époques capitales de la vie de l'horloger, presque trois, nous confondit. « Nauendorff était Allemand, » nous disait M. de Rönne. Et il ajoutait : « La vérité sur lui est en Allemagne, non ailleurs. » Nous conçûmes alors le dessein de la chercher où elle se trouve, résolûmes même de commencer tout de suite à l'exécuter et, naturellement, fîmes part de l'idée et de la décision à notre ami, qui montra pour elles un intérêt vif et intense. Il nous promit son aide dans les questions de droit et tint fidèlement sa parole. Aussi ne manquâmes-nous pas, à mesure que nous procédions à l'investigation des faits touchant l'horloger, à la collection des pièces justificatives, à des correspondances, hélas ! trop souvent inutiles, à des déplacemens sempiternels causés par la nécessité de fouiller les archives, de compulser les registres, de rassembler les textes, de recueillir les renseignemens, — aussi ne manquâmes-nous pas, tant qu'il vécut, de le tenir au courant de la besogne que nous accomplissions et de lui communiquer les résultats réels ou nuls que nous avions obtenus. Peut-être dans nos recherches quelquefois rudes et pénibles, puisant aux sources, consultant les documens, liant en faisceaux les preuves, avons-nous abusé de sa sympathique indulgence par nos appels fréquens faits aux souvenirs du jeune auditeur et aux lumières du savant juriste. Mais c'était un de ces vieillards au cœur d'or qui rendent avec un agréable et doux plaisir les services qu'on leur demande. La reconnaissance que nous lui gardons de la bienveillance dont il nous a incessamment comblé ne s'éteindra jamais ; elle demeure respectueuse et inaltérable comme notre affection.

Les travaux auxquels nous nous sommes livré forment six fascicules d'inégale longueur. Nous publions à présent le premier ; les autres suivront à des intervalles de plusieurs mois.

I

L'Acquisition du droit de bourgeoisie à Spandau

L'ACQUISITION DU DROIT DE BOURGEOISIE A SPANDAU

Les prétentions des Nauendorff au nom de Bourbon n'ont ni base ni appui ; autant dire que les ondes de l'air les étayent ou qu'elles sont établies sur le vent. Le chef de la famille s'appelait Charles-Guillaume. Nous rencontrons pour la première fois son nom cru longtemps patronymique, précédé des prénoms, dans deux pièces signées le Coq, conseiller d'État royal et président de police de Berlin, et portant la même date du 2 novembre 1812, l'une qui atteste « que l'horloger Charles-Guillaume Nauendorff s'est toujours conduit durant son séjour dans cette ville comme un habitant de mœurs paisibles et régulières, et que d'ailleurs il ne se trouve rien de défavorable à son égard dans les rapports de la police », et l'autre adressée « au haut et noble Magistrat[1] de Spandau » pour lui « transmettre ci-joint le certificat que Charles-Guillaume Nauendorff, horloger de cette ville, a sollicité auprès de moi à l'effet d'acquérir le droit de bourgeoisie, le priant humblement de le lui délivrer et d'avoir

1. C'est-à-dire au Conseil municipal ou administratif, à qui appartient l'action, distinct du Conseil communal ou représentatif, qui a pour tâche de délibérer.

l'obligeance de percevoir la taxe à acquitter, qui est de 1 écu 1 bon gros [1], et de vouloir bien l'envoyer franche de port à la Caisse des salaires de la police de Berlin [2]. » Il est écrit exactement de la manière que le reproduit notre double traduction, et au commencement à Spandau, en trois occasions [3], Nauendorff ne l'ayant pas signé autrement, nous suivons la même orthographe, qui est de toutes la plus ancienne.

Le faux Dauphin dans ses Mémoires — le nombre en est grand, mais nous entendons ceux que publia au milieu des « Intrigues dévoilées » dont ils font partie Modeste Gruau, comte de la création de Nauendorff, qui l'a appelé de la Barre — dit que ce nom lui fut « imposé ». Il le déclare nettement, et, du reste, voici là-dessus en peu de mots ce qu'il raconte [4].

On était en 1810, au temps où les baies de ronce sont mûres. — Le moment de l'année, la date n'est pas indiquée d'une façon plus précise. — Il avait parcouru la Westphalie, déserteur de ce pays, errant à travers champs et forêts, livré à tous les tourmens de la faim, de la soif, sans cesse en transe d'être appréhendé par les « chevaliers de la corde », les gendarmes, marchant de préférence la nuit pour plus de sûreté, se trouvait alors en Saxe et était arrivé après de rudes et longues pérégrinations à une grosse pierre au bord du chemin, sur laquelle on lisait cette dédicace : « Au docteur Martin Luther. » — Nous avons vu cette pierre. C'est un bloc

1. L'écu valait 3 francs 75 centimes et se divisait à cette époque en 24 bons gros.

2. Acta du Magistrat de Spandow concernant le bourgeois et horloger Charles-Guillaume Nauendorff (qui s'est donné plus tard pour Louis XVII). Archives communales. Casier VI, compartiment B, nº 27, N. Fos 6 et 1 rº.

3. Ead., ibid., fos 1 vº, 5 et 8.

4. T. II, p. 111-124.

erratique couvert de mousse, qui a la forme d'un cœur allongé et mesure deux mètres et demi. Non seulement il y a au sommet l'inscription mentionnée, mais aussi ces mots sont gravés au centre : « Une forteresse solide est notre Dieu. » Le bloc surgit de terre à la limite de la vieille route militaire bien connue qui mène de Berlin à Leipzig par Wittenberg et Düben. — Justement il avait aperçu au loin une chaise de poste. Elle venait dans sa direction, et lorsqu'elle fut proche et à portée de sa voix, il appela le « beau-frère », le postillon, et lui demanda où il était, car il ne le savait pas, et si la voiture allait à Berlin. Celle-ci ne contenait qu'un voyageur, un jeune homme qui lui répondit, l'invita à monter, à s'asseoir à côté de lui, et dont les soins et la peine le mirent en état d'atteindre enfin la grande ville, sa destination et l'objet de ses rêves. Mais comme il n'avait pas de passeport, il n'aurait pu y entrer, si l'aimable inconnu ne lui en avait fourni le moyen. Voyant son embarras, ce compagnon complaisant le laissa en arrière à Potsdam, gagna Berlin avant lui et attendit que la voiture particulière qu'il lui avait conseillé de prendre parût à la barrière. Elle vint, et il remit à la police son passeport en disant que c'était celui du nouvel arrivé. La voiture, sur cela, franchit la barrière sans difficulté et pénétra dans la capitale.

Après quelques jours de repos goûtés à l'hôtel où il était descendu, le déserteur westphalien alla trouver le colonel des hussards de la garnison, afin de s'engager. Mais sa demande d'être enrôlé fut repoussée à cause de sa qualité d'étranger. — Les hussards de Ziethen, à l'uniforme bleu, étaient le régiment dont il parle. Conformément au décret du département général de la Guerre du 18 mars 1809, on ne permettait pas, en effet, aux étrangers de prendre du service dans les corps de l'armée, excepté cependant aux ressortissans des territoires détachés de la Prusse, cédés par elle, et à ceux des autres États allemands [1], de sorte que cru originaire d'un pays antérieurement prussien, natif de Halle-sur-Saale, il ne peut avoir essuyé un refus pour le motif allégué. Ce qui est certain, — et, du reste, il l'a déclaré positivement, — c'est qu'il ne possédait ni extrait de naissance, ni passeport, ni certificat de bonne conduite. Or, la loi était sévère sous le rapport de la moralité et exigeait des garanties de quiconque voulait s'engager. Le passeport du jeune homme rencontré par hasard près de la « pierre à Luther », donné frauduleusement pour le sien, c'est la police qui l'avait, — et encore doit-il être considéré comme très problématique, parce que la police n'a jamais trouvé aucun document qui pût expliquer la façon dont Nauendorff justifia de son identité en débarquant à Berlin, qu'elle fit à ce sujet d'actives et minutieuses recherches en 1825 et que toutes ses investigations demeurèrent inutiles [2]. Maintenant admettons que, comme il le prétend, il ait essayé vainement de s'enrôler, rien de plus naturel en ce cas que l'officier devant qui il se présenta lui fît un mauvais accueil et ne voulût point d'un vagabond sans papiers. — Déçu de l'espoir d'être engagé et de servir, voyant d'ailleurs son argent diminuer et fondre, — dans la chaise de poste où il monta sur l'offre obligeante du serviable inconnu, ce dernier, qui examina après son bissac, le fouilla, avait pourtant découvert

1. Lettre écrite de Berlin à l'auteur en réponse à ses questions, le 27 juillet 1886, par M. le comte de Schlieffen, colonel et chef de division à l'état-major général.

2. Acta personalia de la Présidence de police Royale Prusienne de Berlin concernant Nauendorf Charles. — Profession : horloger, avant compagnon foulon ; âge : 39 ans ; lieu de naissance : Halle. — 1824/36, litt. N, n° 1466. F° 32.

au fond quelque chose d'extraordinaire, plus de seize cents francs en or cachés sous un tas de chiffons et enveloppés encore de lambeaux cousus ensemble, somme considérable et dont la provenance est terriblement suspecte — et averti par là de la nécessité urgente de se créer des ressources pécuniaires, il s'établit comme horloger. Mais le Magistrat lui chercha noise, mit obstacle à ce qu'il exerçât son métier et exigea, s'il voulait le faire, qu'il fût d'abord en possession du droit de bourgeoisie. Il tenta bien d'acquérir ce droit, cependant sans succès, et jeté ainsi dans l'embarras et exposé au dénûment, il s'adressa à M. le Coq, « qui était Français, et occupait à cette époque la place de président de la police générale du royaume de Prusse ». — Celui-ci, né à Berlin, n'était pas Français, et en ce temps, comme à présent, il n'y avait point de place semblable. — Le haut fonctionnaire répondit par sa visite à la lettre qu'il reçut de lui, puis, au bout de quelques semaines, Nauendorff à son tour étant allé le voir, M. le Coq lui « donna un rouleau d'or », l'assura de sa protection et, peu de jours après, lui envoya « une patente d'horloger, sous le nom de Charles-Guillaume Nauendorff », laquelle eut pour effet que le Magistrat ne l'inquiéta plus. Dès lors tranquille, il resta dans la capitale jusqu'en 1812, changea de résidence, se rendit à Spandau et y fixa sa demeure. Il réclama et obtint la qualité de bourgeois de l'endroit, et à cette occasion son nom « emprunté » de Charles-Guillaume Nauendorff, que M. le Coq lui avait « imposé », « fut inscrit sur les registres » de la ville. — A son entrée dans Berlin et déjà en passant la frontière du royaume, une circonstance impérieuse le forçait à prendre un faux nom : il était aussi déserteur prussien. Comment s'appelait-il en Westphalie ? Peut-être de la même manière qu'au régiment en Prusse. Et d'où venait le nom supposé qu'il substitua au vrai et feignit d'être le sien ? Nous l'ignorons et ne possédons sur ce point que les explications qu'il a données lui-même, savoir que c'était celui du jeune homme bienveillant avec qui il voyagea et que portait le passeport dont il se défit — malhonnêtement — à son avantage aux portes de Berlin. A présent, ce que le prétendu fils de Louis XVI, ce héros du mensonge, a raconté de M. le Coq, sa visite, le rouleau d'or, la patente d'horloger, le nom « imposé », — sans parler de beaucoup d'autres choses que nous avons pensé inutile de rapporter, — est si fabuleux et inepte, que nous ne nous y arrêterons pas. Nous dirons seulement que dans la période de temps où le président de police de Berlin, pareil au deus ex machina, survient toujours à propos, merveilleusement et comme à un coup de baguette magique, pour soutenir la comédie du déserteur prussien et westphalien, — M. le Coq tient un poste au ministère des Affaires étrangères, est là conseiller de légation et rapporteur. Certainement, il a exercé les fonctions importantes de président de police, mais plus tard, à partir du 24 avril 1812, quand les mirifiques faits et gestes qui le concernent étaient déjà accomplis, même depuis longtemps. Nous avons vu à Berlin son portrait, dans l'antichambre du cabinet du chef de la police ; au bas sont indiquées les dates de son entrée en charge et de sa sortie, le 24 avril 1812 et le dernier décembre 1821. Nous avons dit où il naquit, le 23 mars 1773. Il s'appelait Paul-Louis, son père Charles et sa mère Marie-Charlotte Erman. Rappelé de la police de la capitale aux Affaires étrangères, il y prit la direction du département de Neuchâtel. Tombé malade, on lui accorda un congé de deux mois pour rétablir sa santé ; après, il demanda que la tâche lourde de son emploi fût allégée ; enfin, le 24 avril 1824, son fils annonça sa mort au ministère. Il était, comme on a remarqué, conseiller d'État [1].

Nauendorff n'a donc nullement reçu son nom de M. le Coq. Mais son assertion controuvée est si singulière, si bizarre et hétéroclite, qu'on en reste stupéfait. Vraiment, il y a de quoi. Il se cachait dans la capitale aux yeux de la police, ayant bien sujet de la redouter, et voilà qu'après il nous dit que c'est par ordre du chef même de cette police qu'il changea de nom, pour ne pas être découvert. A une pareille allégation les bras vous tombent. Nous reviendrons sur ce thème abracadabrant dans une autre publication.

A Berlin, Nauendorff était « domicilié ». On désignait par ce mot [2] l'habitant d'une ville qui n'y jouissait pas du droit de cité [3]. L'horloger ne possédait point ce droit. — M. Otto Tschirch, professeur à Brandenburg-sur-Havel, qui s'est beaucoup occupé de Nauendorff et a montré avec persuasion et talent sa fausseté, ses impostures, dit qu'on ne rencontre pas son nom en parcourant la série complète et sans lacune des actes de réception de bourgeois de Berlin dressés dans les années 1810, 1811 et 1812 [4]. Mais c'est naturel ; très étonnant serait le contraire. — S'il est vrai, comme il a assuré, qu'il le demanda, on ne pouvait que le lui refuser, attendu que la loi en vigueur exigeait que toute

1. Lettre du ministère des Affaires étrangères à l'auteur, datée de Berlin, le 31 juillet 1886, et signée par délégation Eichhorn.

2. L'expression allemande est Schutzverwandter, qui, littéralement, signifie : parent dans la protection. Il faut ajouter : du Magistrat.

3. Städteordnung vom 19. November 1808. Titel IV. § 40.

4. Die Naundorff-Legende. Historische Zeitschrift, begründet von Heinrich v. Sybel u. herausgegeben von Friedrich Meinecke. 3. Folge — 10. Band — 3. Heft. Page 553.

personne qui voulait l'obtenir, mais qui, venue du dehors, avait habité un autre lieu, justifiât de sa bonne conduite tenue en ce lieu et de la manière honorable dont elle y avait pourvu à son entretien par un certificat de l'autorité de l'endroit [1]. Il était incapable pour mainte raison de produire un semblable témoignage, et, de plus, ses moyens ne lui permettaient pas de payer, outre les vingt-cinq écus que coûtait le droit de bourgeoisie à Berlin, à Königsberg et à Breslau [2], — autrement dix dans les villes de 10.000 âmes et au-dessus [3] — deux cents qu'à Berlin, en sa qualité d'étranger, il eût été obligé de verser à la Caisse royale des invalides [4]. N'étant pas bourgeois de cette ville, il n'a pu s'y établir à son compte, et sa déclaration à Brandenburg-sur-Havel au juge d'instruction Schulz, à l'interrogatoire du 23 octobre 1824, qu'il avait été dans la capitale maître horloger [5], est inconciliable avec les prescriptions de la loi de ce temps touchant les conditions requises pour l'exercice des professions industrielles. « Quiconque, disait le Code, voudra exercer une profession bourgeoise dans une ville, sera tenu de présenter une demande en vue d'acquérir le droit de bourgeoisie [6] » ; et cet article était répété et renforcé

1. Städteordnung vom 19. November 1808. Tit. III. §. 17.

2. Die Preussischen Städte-Ordnungen vom 19. November 1808 und vom 17. März 1831 mit ihren Ergänzungen und Erläuterungen, dargestellt von L. von Rönne und H. Simon. Breslau, G. P. Aderholz, 1843. Page 168.

3. Ibid., Städteordnung von 1808. Tit. II. §. 10.

4. Lettre du Magistrat — Commission industrielle — à l'auteur, portant la date du 3 août 1886 et signée Eberty.

5. Archives secrètes de l'État. Acta criminalia du Tribunal territorial et urbain de Brandenburg relatifs à l'instruction commencée contre 1/ l'horloger Charles-Guillaume Naundorff, 2/ le maître serrurier Jean Engel et 3/ le commissionnaire Chrétien-Frédéric Sydow. Ier vol., f° 230.

6. Allgemeines Landrecht für die Preussischen Staaten. Berlin, G. C. Nauck, 1806. Theil II. Tit. 8. §. 18.

par le paragraphe suivant de l'Ordonnance sur les villes du 19 novembre 1808 : « Celui qui aurait jusqu'ici exercé une profession bourgeoise urbaine, ou acquis un immeuble dans une ville, sans posséder le droit de cité, devra demander et obtenir ce droit, aussitôt la présente Ordonnance promulguée, sinon quitter la profession urbaine exercée, et aliéner l'immeuble acquis [1]. » Nauendorff a donc été à Berlin ouvrier, travaillant à gages, pour un salaire convenu, ou plutôt, d'après un rapport fait par le commissaire de police Winckler, le 16 décembre 1824, à l'aide de notes d'un registre de son bureau et des indications que lui fournit le tonnelier Stettin, dans la maison de qui l'horloger avait demeuré, il a colporté là — mais sans être patron — des pendules de bois et, plus tard, s'est chargé aussi de leur réparation [2]. — Le Livre des Adresses de 1812 contient son nom ; à côté, se trouve le genre d'état désigné par Winckler : colporteur de pendules de bois [3]. — Naturellement, il payait la patente, à laquelle, du reste, chacun était soumis, maître et compagnon, et que, une fois installé dans la capitale, « à la fin de 1810 », assure l'autobiographie citée, « un homme de la police lui apporta à sa résidence ». La contribution variait, se mesurant sur le gain, et montait pour lui annuellement à 1 écu ou à 1 écu 8 et même 16 bons gros [4]. Cet impôt était tout récent, puisqu'il datait des édits des 2 octobre et 2 novembre 1810, qui introduisirent en Prusse une taxe générale de l'industrie, la patente [5]. Celle-ci n'abolissait en

1. Tit. III. §. 23.
2. Acta personalia de la Présidence de police Royale Prussienne de Berlin etc. Fos 11 et 15 vo.
3. Die Naundorff-Legende. Historische Zeitschrift, etc. La même page 553.
4. Gesetz-Sammlung für die Königlichen Preussischen Staaten. Berlin, G. Decker, 1810. No. 9. Page 87.
5. Idem. No. 3, 9.

aucune façon le règlement concernant le devoir de posséder le droit de cité, et ce qui le prouve, c'est le premier article de la loi du 7 septembre 1811 sur la police des métiers, lequel déclare que « la délivrance d'une patente ne change rien à l'obligation d'acquérir la bourgeoisie, et de participer aux charges communales [1]. »

Après un intervalle d'environ deux ans passés à Berlin, — la durée du laps de temps ne se laisse pas préciser exactement — Nauendorff, qui était marié, — nous traiterons ailleurs ce sujet-là — et désirait sans doute devenir lui-même patron, avoir un atelier et y former un apprenti, y occuper quelque ouvrier, abandonna la grande ville pour un endroit de moindre importance, modeste, simple, où il devait obtenir le droit de bourgeoisie avec peu d'argent sur un certificat de bonne vie et mœurs expédié là par la police de Berlin, lieu du dernier séjour. — On connaît cette pièce que nous avons eu occasion de communiquer au début du présent travail. — Il se rendit donc à Spandau, fut sommé après de se présenter à l'hôtel communal et fit oralement sa requête, écrite dans le procès-verbal que voici, afin d'être nommé bourgeois :

« Actum Spandow, le 25 novembre 1812.

En vertu d'ajournement comparaît :

1° L'horloger Charles-Guillaume Nauendorff en personne, demeurant ici, et dépose :

Je suis venu de Berlin ici avec l'autorisation du Magistrat de cette ville pour m'y établir comme horloger. Étant obligé maintenant, selon la loi, d'acquérir le droit de bourgeoisie au lieu de mon domicile, je produis à cette fin un certifi-

1. Gesetz-Sammlung, etc. 1811. No. 51. Page 263.

cat du 2 novembre c., in originali, de M. le Coq, président royal de police et conseiller d'État à Berlin. Je sollicite en conséquence d'être admis à présent au nombre des bourgeois de cette ville.

Conformément à l'ordre que j'ai reçu de la part du bien louable Magistrat, je me suis déjà procuré l'uniforme de la garde nationale, et je suis prêt à prêter le serment de bourgeoisie prescrit par le règlement [1].

2° Le sieur Jean-Chrétien-Samuel Beckmann, marchand. Il dit :

J'ai repris récemment le commerce du négociant Masken, après avoir été établi auparavant à Berlin comme marchand. Je suis bourgeois de Berlin et présente la lettre qui le constate.

De plus, je remets le certificat qui atteste que j'ai été réellement reçu comme marchand.

Ayant aussi servi dans la garde nationale à Berlin, où j'ai été licencié avec le grade de sergent, je produis encore, originaliter, le congé de libération que m'a délivré l'état-major de la garde urbaine de cette ville.

Par tous ces documens je crois avoir dûment démontré ma qualification au titre de bourgeois. Je demande donc d'être admis pareillement ici comme tel, et je suis prêt, dans le cas où on le jugerait indispensable, à me faire inscrire à la Municipalité au rôle de la garde nationale. En vue de cette éventualité, je me suis déjà pourvu de l'uniforme nécessaire.

Là-dessus, le présent procès-verbal a été clos et, après que

1. Ce serment, le paragraphe 25 de l'Ordonnance du 19 novembre 1808 le commande expressément ; il était jusque-là dans le Code d'une manière non précise. Allgemeines Landrecht etc. Th. II. Tit. 8. §. 21.

lecture leur en fut faite à haute voix et qu'ils l'eurent approuvé, MM. les comparans l'ont signé de leur propre main, ainsi que suit :

Jean-Chr.-Sam. Beckmann.

Charles-Guillaume Nauendorff.

A. u. s. (Actum ut supra, acte passé comme ci-dessus.)

Grobecker [1]. »

Le Magistrat transmit le document contenant les deux requêtes au Conseil communal, « afin qu'il déclarât s'il avait quelque motif à opposer contre l'admission, premièrement, de Charles-Guillaume Nauendorff comme bourgeois et horloger et, secondement, de Jean-Chrétien-Samuel Beckmann comme bourgeois et marchand [2]. » Les membres de cette assemblée répondirent, le 7 du mois suivant, « que de leur côté ils n'avaient rien à objecter » à l'acquisition du droit de bourgeoisie par les pétitionnaires « et prièrent de le leur conférer [3]. » — Avant d'accorder la bourgeoisie, le Magistrat était tenu de consulter le Conseil communal, et en lui demandant son avis sur les requêtes de l'horloger et du marchand, il ne fit que se conformer à la loi [4]. — Le bourgmestre Kattfuss convoqua alors pour le lendemain Nauendorff et Beckmann à l'hôtel de ville [5]. Ils obéirent tous deux à la citation, qui leur enjoignait de venir le matin, à 11 heures, dans l'uniforme de la garde nationale, prêtèrent le serment exigé et furent reçus bourgeois. Ce serment et les lettres de bourgeoisie avaient partout la même teneur, car ils étaient modelés sur le formulaire remis par ordre de

1. Acta du Magistrat de Spandow etc. Fos 4 et 5.
2. Ead., fo 4, en marge.
3. Ibid.
4. Städteordnung von 1808. Tit. III. §. 24.
5. Acta du Magistrat de Spandow etc. Fo 7.

l'autorité souveraine à la ville de Königsberg en Prusse et dont voici le texte :

« Le Magistrat de la ville Royale Prussienne de N. N. fait savoir et reconnaît, par ces présentes, que

N. N.,

après avoir justifié des qualités nécessaires, et conformément à sa requête, a été admis comme bourgeois de cette ville ; et attendu que le susnommé, en prêtant ce jour d'hui par-devant nous le serment qui suit :

« Je etc.
« promets et jure, après avoir été reçu par le bien louable
« Magistrat bourgeois de cette ville, d'être soumis, fidèle
« et dévoué à Sa Majesté Royale de Prusse, mon très gra-
« cieux seigneur et maître, et aussi obéissant au bien louable
« Magistrat. Je jure, en outre, de coopérer de tout mon
« pouvoir à la prospérité de cette ville et de sa bour-
« geoisie, de m'acquitter consciencieusement de tous les
« devoirs qui me sont imposés comme bourgeois, et parti-
« culièrement de me soumettre sans restriction ni réserve
« aux prescriptions de l'Ordonnance générale sur les villes
« du 19 novembre 1808, de les maintenir, mais principale-
« ment de me conduire en chaque circonstance comme il
« appartient et convient à un bourgeois loyal, aussi vrai
« que Dieu me soit en aide par Jésus-Christ. Amen. »

a pris l'engagement solennel de remplir fidèlement toutes les obligations de bourgeois, le Magistrat déclare que ledit N. N. aura de tous les droits et privilèges que possèdent et dont jouissent les bourgeois d'ici également possession et jouissance, et promet de défendre d'une manière énergique, envers et contre tous, les droits de bourgeois par lui acquis, tant qu'il ne s'en montrera pas indigne.

Délivré pour servir de document authentique, et scellé du sceau de la ville.

N. N., le etc.

(L. S.) Le Magistrat de la ville de N. N.

Lettre de bourgeoisie pour N. N.[1] »

Sur la collation du droit de cité à Nauendorff et à Beckmann, ou plutôt sur leur prestation du serment de bourgeoisie devant le Magistrat réuni, un procès-verbal fut dressé, dans lequel ceci se trouve consigné :

« Puis ont été restituées au marchand Beckmann les pièces remises par lui, telles que la lettre de bourgeoisie de Berlin, le certificat de réception comme marchand et le congé de libération de la garde nationale; et l'on a donné à chacun d'eux le règlement concernant les incendies.

M. Beckmann a payé pour le droit de bourgeoisie la contribution de 18 bons gros, mais M. Nauendorff celle de 6 écus 18 bons gros, parce que le premier était déjà bourgeois de Berlin et y avait acquitté la taxe supérieure.

Charles-Guillaume Nauendorff.

Jean-Chr.-Sam. Beckmann.

A. u. s.

Kattfuss. Daberkow. Döhl. Koch. Camp. Hase[2]. »

En transférant son domicile de Berlin à Spandau, le marchand Beckmann perdait le droit de bourgeoisie dans la capitale. Il pouvait cependant le conserver et devait alors en demander l'autorisation au Magistrat dans le délai de trois mois après son départ[3]. Cela n'empêchait pas qu'il ne fût

1. Die Preussische Städteordnung, nebst den über dieselbe bis ins Jahr 1829 ergangenen Erklärungen, Entscheidungen und Zusätzen. Herausgegeben von J. D. F. Rumpf. Berlin, A. W. Hayn, 1830. Page 10, n° 16.

2. Acta du Magistrat de Spandow etc. F° 8.

3. Städteordnung von 1808. Tit. III. §. 37.

obligé de devenir bourgeois du nouveau lieu de sa résidence et d'y contribuer aux charges communales. Il sollicita donc le Magistrat de l'endroit où son installation n'était encore que provisoire de lui concéder le droit de cité, et s'il ne paya point les 6 écus qu'en coûtait le tarif dans les villes moyennes auxquelles appartenait Spandau avec sa population de 4500 âmes [1], c'est que la loi l'exonérait de cette somme. En possession de la bourgeoisie à Berlin, l'octroi de celle de Spandau était pour lui gratuit. Une nouvelle acquisition du droit de bourgeoisie occasionnée par déplacement dans une autre ville n'entraînait pas de dépenses, à moins pourtant que la rétribution à payer dans la seconde résidence ne fût plus élevée que dans la première ; en ce cas, la différence de la taxe devait être soldée [2]. Les 18 bons gros réclamés au marchand et qu'il acquitta, comme fit l'horloger, étaient les menus frais d'actes [3].

On a vu que Nauendorff formula lui-même de vive voix à l'hôtel de ville de Spandau sa demande d'être admis au rang des bourgeois de la localité, et que le collège des membres du Magistrat, convaincu de sa moralité sur le témoignage de la police de Berlin, et avec l'assentiment du Conseil communal consulté, remplit le vœu qu'il lui exprima. Ainsi statuait le règlement. Celui qui requérait le droit de bourgeoisie devait l'obtenir. On ne pouvait le refuser à personne [4], sauf dans les cas de crime prévus par la loi,

1. Urkundliche Geschichte der Stadt und Festung Spandau von Entstehung der Stadt bis zur Gegenwart, bearbeitet von Dr. Otto Kuntzemüller. Im Verlage des Magistrats. 1881. Page 409.

2. Gesetz-Sammtung etc. 1811. No 51. Page 263.

3. Rumpf, Die Preussische Städteordnung, etc. Page 6, nº 2.

4. Allgemeines Landrecht etc. Th. II. Tit. 8. §. 17. — Städteordnung von 1808. Tit. III. §. 17.

où il n'était pas accordé [1]. Les étrangers — la police, avons-nous dit, et d'ailleurs tout le monde, croyait Nauendorff de Halle-sur-Saale, ville qui faisait partie en ce temps du royaume de Westphalie — l'acquéraient sans difficulté. Ce droit leur était décerné comme aux nationaux et sous les mêmes conditions. Ni désavantage ni faveur n'existaient à leur égard, et ils payaient exactement le taux du tarif perçu des natifs [2]. Cependant, à Berlin, — nous nous permettons de le rappeler — il leur fallait débourser une grosse somme dont ceux-ci étaient exempts.

Maintenant, il appert clairement que, pour qu'on lui concédât la bourgeoisie à Spandau, Nauendorff avait besoin seulement, en fait de papiers, d'une attestation de bonne conduite émanée de l'autorité du lieu d'où il venait. L'autorité ici est la police, à laquelle il appartient de délivrer ce genre de témoignage, et qui, dans les villes importantes, en Prusse, reste Royale, n'est pas exercée par le Magistrat et forme un département à part, indépendant de lui. Un autre document que le certificat d'une conduite droite n'était point nécessaire à l'horloger, n'était nécessaire à nul individu qui voulait se faire conférer la qualité de bourgeois dans un endroit quelconque de la monarchie. On n'exigeait qu'une vie régulière, des mœurs honnêtes, dont il fallait toutefois donner une preuve sûre. A côté de cela, sans doute, il y avait la taxe à payer et le serment à prêter. Mais c'était tout.

Dans sa plaidoirie du mois de février 1874 devant la Cour d'appel de Paris pour la veuve et les enfans légitimes de « Charles-Louis, duc de Normandie, fils lui-même du roi Louis XVI et de la reine Marie-Antoinette, archiduchesse

1. Städteord. Tit. III. §§. 20. 21. 22.
2. Rumpfs Städteord. Page 12, nº 6.

d'Autriche, son épouse », Jules Favre a prononcé ces paroles : « Or, Messieurs, aux termes d'une ordonnance prussienne du 19 novembre 1808, on ne pouvait être admis bourgeois d'une ville qu'à la condition de certifier ses antécédents et surtout de fournir son extrait de naissance. C'était là une pièce indispensable sans laquelle rien n'était possible [1]. ». Évidemment, le grand orateur n'a jamais eu en main la célèbre Ordonnance qu'il mentionne et cite comme s'il l'avait lue. Il connaissait le nom et ignorait la chose ; on ne saurait en douter, parce qu'elle est muette sur ce qu'il lui fait dire erronément. De même que les autres Recueils de lois de cette époque, elle ne contient rien, non, absolument rien qui se rapporte de près ou de loin à l'obligation « de certifier ses antécédents et surtout de fournir son extrait de naissance » pour « être admis bourgeois d'une ville ».

Encore une remarque avant de finir.

Les deux passages qui suivent se trouvent dans l'autobiographie de Nauendorff que renferment les Intrigues dévoilées de Modeste Gruau, — nommé de la Barre de l'autorité privée de l'horloger, ce dont nous avons déjà fait mention : « Au bout d'un temps assez rapproché le président de la police me manda chez lui, et me dit : « il est impossible de vous laisser à Berlin, il y a trop de danger pour vous et pour nous [2]. » Et : « Je restai dès lors tranquille jusqu'en 1812, époque à laquelle je changeai ma résidence actuelle pour celle de Spandau. Mr Le Coq m'en avait intimé l'ordre en me prescrivant les plus rigoureuses recommandations d'être discret, et en me répétant que la plus légère imprudence me perdrait ; parce que le Roi de Prusse n'était pas maître

1. Louis XVII. Paris, Librairie internationale, 1885. P. 18.

2. T. II, p. 123.

de faire ce qu'il voulait; qu'il importait donc de toute nécessité que je portasse *un nom emprunté*, pour me soustraire au pouvoir de Napoléon, contre l'influence duquel le gouvernement ne pourrait pas me protéger [1]. » Jules Favre, qui employa ces extraits dans sa plaidoirie, en a résumé la teneur ainsi : « Seulement, il (M. le Coq) dit à l'étranger : « Vous ne pouvez pas rester à Berlin ; la police française vous inquiéterait et nous aussi : il faut vous rendre dans une ville voisine, à Spandau, vous vous y ferez recevoir bourgeois [2]. » Dieu ! l'assertion est admirable ! Nauendorff a échangé sa résidence de Berlin, où il vivait « tranquille », contre celle de Spandau par l'expresse volonté du président de police de la capitale, qui, le sachant exposé là aux atteintes de Napoléon, l'y laissa néanmoins environ deux ans, mais qui se décida finalement à le mettre à l'abri du péril et pour cela l'envoya en un lieu de toute sûreté, dans la petite ville indiquée, aux portes de laquelle s'arrêtait la puissance du redoutable Empereur! En vérité, il n'y a guère moyen de paître les gens de billevesées plus extravagantes et plus ridicules. Le bon sens en est affreusement choqué, et nous regrettons avec sincérité de voir que l'illustre avocat, en les répétant, a montré tant de respect pour les contes à la cigogne.

Iéna et Auerstädt, ces deux batailles perdues à la même date, le 14 octobre 1806, avaient mis à la merci des Français les États de Frédéric le Grand, crus cependant fermes et inébranlables sur leurs fondemens. Dix jours après, les vainqueurs parurent devant Spandau. Mais les fortifications de la place se trouvaient si défectueuses et dans un tel déla-

1. T. II, p. 123-124.
2. Louis XVII. P. 17.

brement, qu'on les avait déclarées impropres à soutenir un siège, et que seule la citadelle, regardée jusque-là simplement comme prison d'État et dont les conditions de défense pitoyables ne valaient pourtant pas beaucoup mieux que celles des remparts, avait été jugée capable de repousser les assauts de l'ennemi. Cette opinion favorable de sa solidité et de sa résistance ne tarda pas à se montrer illusoire, car, déjà le lendemain, les Français s'en emparèrent, sans avoir eu besoin de tirer un coup de fusil. Napoléon visita la ville prise et, le soir même, décréta de Charlottenburg que la place serait convenablement réparée, recevrait de l'artillerie, aurait des magasins, des dépôts de vivres et de munitions, un hôpital militaire, et que les armes trouvées à Berlin devraient y être envoyées. On se mit aussitôt à l'œuvre pour exécuter ses ordres. Puis, la paix conclue et établie, les Français interrompirent leurs travaux, qu'à leur départ les Prussiens continuèrent et poussèrent avec vigueur. Enfin s'ouvrit la désastreuse campagne de Russie, et un régiment français, le 126e d'infanterie de ligne, s'arrêta dans sa marche vers la fatale contrée qui allait le dévorer à Spandau, le 26 mars 1812. Un autre lui succéda et, trois semaines après, la garnison de la ville fut de nouveau composée de troupes de l'Empereur. Cela dura une année, jusqu'au 23 avril 1813, où les Russes qui, à la suite de la débâcle, avaient tenu pendant cinquante jours les Français cernés dans la forteresse, les forcèrent, malgré leur vaillance, de capituler. Ils évacuèrent alors la place au nombre de 3229 hommes valides et, y laissant 499 malades, ils se dirigèrent sans baïonnettes du côté de l'Elbe [1].

1. Urkundliche Geschichte der Stadt und Festung Spandau etc. Pages 327-346.

Il ressort à présent de notre exposé que quand Nauendorff quitta Berlin pour aller demeurer à Spandau, cette ville était occupée par les Français. Or, il craignait Napoléon et devait l'éviter. C'est pourquoi, bien avisé, ou plutôt obtempérant à l'injonction de M. le Coq, il se jeta au milieu des soldats de l'Empereur, s'établit dans l'enceinte d'une forteresse où le conquérant commandait en maître ! M. le Coq, par une sage précaution, l'achemina donc droit à l'antre du lion !..

Voilà les belles choses que narre Nauendorff et auxquelles ajoutent foi ses tenans, qui en font même leurs délices, mordant avec avidité dans ces fruits pour eux succulens, d'un goût, d'une saveur à leur avis toute particulière et exquise.

MACON, PROTAT FRÈRES, IMPRIMEURS

MACON, PROTAT FRÈRES, IMPRIMEURS

www.ingramcontent.com/pod-product-compliance
Ingram Content Group UK Ltd.
Pitfield, Milton Keynes, MK11 3LW, UK
UKHW022143170726
13837UKWH00004B/1744